Vorwort

Liebe Leserinnen und Leser,

Herzlich Willkommen zu einem besonderen Abenteuer!
In diesem zauberhaften Buch laden wir euch ein, in die fantastische Welt der Tiere einzutauchen, ihre warmherzigen Geschichten zu entdecken und euch zum träumen inspirieren zu lassen.

Jede Geschichte ist voller Emotionen und Abenteuer, aber vor allem stecken in ihnen wertvolle Botschaften über Freundschaft, Mut oder auch Selbstvertrauen. Sie werden euch dabei helfen, diese Gefühle besser zu verstehen und mit ihnen umzugehen.

Wir hoffen, dass euch diese wundervollen Geschichten Freude bereiten und euch zeigen, dass Emotionen uns alle verbinden.

Taucht ein in eine Welt voller Abenteuer und zauberhafter Gefühle!

Inhaltsverzeichnis:

S. 4   Der mutige Löwe

S. 8   Die neugierige Eule

S. 12   Die ungeduldige Ameise

S. 16   Die freche Katze

S. 20   Die schüchterne Schildkröte

S. 24   Der fröhliche Fuchs

S. 28   Die abenteuerlustige Maus

S. 32   Der perfektionistische Frosch

S. 36   Die großzügige Biene

S. 40   Der sanfte Elefant

S. 44   Der aufgeregte Otter

S. 48   Der kreative Bär

S. 52   Die einsame Fledermaus

S. 56   Die gerissene Eidechse

S. 60   Das zurückhaltende Kaninchen

S. 64   Der aufmerksame Hund

S. 68   Der wütende Affe

Louis, der mutige Löwe

In den weiten Savannen lebte Louis, ein mutiger kleiner Löwe. Tagsüber stürmte er durch das Gras, spielte mit seinen Freunden und brüllte so laut, dass er die Vögel aufscheuchte. Doch wenn die Sonne unterging und die Dunkelheit hereinbrach, kroch eine winzige Angst in Louis Herz. Er hatte Angst vor dem Dunkeln.

Jede Nacht lag Louis in seiner Höhle und starrte auf die Schatten, die sich an den Wänden bewegten. Doch Louis war nicht einer, der aufgab.

Er dachte sich eine Lösung aus. Sobald seine Augen zufielen, tauchte er in seine eigene Welt ein – eine Welt voller Abenteuer und Magie.

Er fand sich auf fliegenden Teppichen wieder, erkundete geheimnisvolle Wälder und besuchte freundliche Drachen in fernen Ländern. In seiner Vorstellung war er so mutig wie ein Ritter und so klug wie ein Zauberer. Die Dunkelheit konnte ihm nichts anhaben, denn in seinen Träumen war er der Herr über alles.

Mit der Zeit fand Louis Trost in seinen nächtlichen Abenteuern. Jede Nacht wurde er mutiger und neugieriger. Und so verging die Angst vor dem Dunkeln, während er von einem fantastischen Abenteuer ins nächste reiste.

Eines Nachts, als Louis in seinen Traum versunken war, entdeckte er eine leuchtende Sternschnuppe. In diesem magischen Moment wusste er, dass das Dunkel zwar ungewiss sein mochte, aber dass es auch wunderbare Überraschungen birgt. Und so lag Louis nicht mehr ängstlich in seiner Höhle.

Stattdessen schloss er die Augen, lächelte und reiste in sein nächtliches Reich der Abenteuer, mit dem Wissen, dass er nicht nur der mutige Löwe am Tag war, sondern auch der mutige Held der Nacht. Gute Nacht, Louis. Gute Nacht, mutiger kleiner Löwe.

Emma, die neugierige Eule

In einem hohen Baum mitten im Wald lebte Emma, eine neugierige kleine Eule. Tagsüber schlummerte sie in ihrem gemütlichen Nest, aber nachts, wenn der Mond am Himmel leuchtete, erwachte sie zum Leben. Emma war so neugierig wie ein Kätzchen und hatte tausend Fragen im Kopf.

Bei jedem Spaziergang stellte Emma Fragen. „Warum sind die Blumen bunt?", „Wie weit ist der Himmel?", „Warum singen die Vögel?"

Manchmal jedoch hielt sie inne und fragte sich, ob sie zu viele Fragen stellte. Ob die anderen Eulen genervt von ihren Fragen waren.

Eines Nachts flog eine weise Eule namens Elias zu Emmas Baum. Emma zögerte, ihre Fragen zu stellen, aus Angst, wieder zu viel zu fragen. Doch Elias lächelte sanft und sagte: „Emma, deine Neugierde ist wie ein kostbarer Schatz. Fragen zu stellen ist eine Möglichkeit zu lernen und die Welt zu verstehen."

Emma war erleichtert. Elias ermutigte sie, weiter zu fragen und niemals aufzuhören, nach Antworten zu suchen. Sie begann, noch mehr Fragen zu stellen und lernte eine Menge über den Wald, die Tiere und die Sterne.

Mit der Zeit wurde Emma nicht nur klüger, sondern sie half auch anderen Tieren mit ihren Fragen. Sie wurde zur Wissensquelle im Wald und ihre Freunde kamen gerne zu ihr, um Antworten zu erhalten.

In einer klaren Nacht, als die Sterne funkelten, flüsterte Emma ein leises „Danke" in den Wind. Sie hatte gelernt, dass ihre Neugierde etwas Besonderes war und dass es in Ordnung war, Fragen zu stellen. Mit einem Lächeln flog sie zurück in ihr Nest und schlief ein, bereit für noch mehr Abenteuer und Fragen am nächsten Tag. Gute Nacht, Emma. Gute Nacht, neugierige kleine Eule.

Antonia, die ungeduldige Ameise

In einem kleinen Ameisenhügel lebte Antonia, eine ungeduldige kleine Ameise. Sie konnte kaum auf etwas warten, sei es ihre Geburtstagsparty oder das Wachsen ihrer Pflanzen im Garten. Alles schien ewig zu dauern, und sie wurde oft unruhig.

Eines Tages traf sie auf Silas, eine weise Schildkröte. Silas bemerkte Antonias Ungeduld und sagte: „Geduld ist eine wertvolle Tugend, liebe Antonia. Gute Dinge kommen zu denen, die warten können."

Antonia runzelte die Stirn, aber sie dachte über Silas' Worte nach. Als sie an diesem Tag nach Hause kam, schaute sie auf ihre Pflanzen im Garten. Sie wartete und wartete, aber die Pflanzen schienen sich nicht zu beeilen.

Tage vergingen, und Antonia lernte, Geduld zu üben. Sie goss ihre Pflanzen und wartete geduldig, während sie langsam wuchsen. Eines Tages bemerkte sie, wie die ersten grünen Triebe aus der Erde kamen.

Sie strahlte vor Freude und wusste, dass gute Dinge wirklich zu denen kamen, die warteten.

Antonias Geburtstag kam näher, und sie konnte es kaum erwarten, ihre Freunde zu sehen. Diesmal jedoch erinnerte sie sich an Silas' Worte. Sie übte Geduld und lenkte sich mit anderen Aktivitäten ab. Als der große Tag endlich kam, fühlte sich die Zeit wie im Flug vergangen an.

In dieser Nacht, als der Himmel voller Sterne funkelte, dachte Antonia über ihre Reise zur Geduld nach.

Sie wusste jetzt, dass Geduld nicht leicht war, aber es lohnte sich. Sie lächelte und schlief friedlich ein, mit dem Wissen, dass gute Dinge kommen, wenn man darauf wartet. Gute Nacht, Antonia.

Gute Nacht, geduldige kleine Ameise.

Kira, die freche Katze

In einem beschaulichen Garten lebte Kira, eine freche kleine Katze. Kira war immer für einen Streich zu haben und ärgerte gerne die anderen Tiere. Manchmal vergaß sie, dass ihre Streiche nicht immer lustig waren und dass sie manchmal die Gefühle ihrer Freunde verletzten.

Eines sonnigen Tages spielte Kira im Garten und erschreckte das scheue Eichhörnchen Egon. Egon rannte weg, ängstlich und traurig.

Kira erkannte, dass sie zu weit gegangen war und dass es Zeit war, sich zu entschuldigen.

Voller Reue machte sich Kira auf die Suche nach Egon. Sie fand ihn schließlich in seinem Versteck und sagte: „Es tut mir leid, Egon. Ich hätte dich nicht erschrecken sollen." Egon sah Kira an und lächelte. „Danke, Kira. Ich verzeihe dir."

An diesem Tag beschloss Kira, ihre freche Seite zu zügeln.

Sie scherzte zwar weiterhin mit ihren Freunden, aber sie achtete darauf, mit ihren Streichen nicht zu übertreiben und auch nicht die Gefühle der anderen zu verletzen.

Und Kira lernte, wie wichtig es war, sich bei anderen zu entschuldigen, wenn man Fehler machte. Sie begann, freundlicher zu sein und auf die Gefühle der anderen Tiere Rücksicht zu nehmen.

In den folgenden Tagen spielte sie Spiele mit ihren Freunden und zeigte ihnen, dass sie sich geändert hatte.

Ihre Freunde freuten sich über die Veränderung und nahmen sie herzlich auf. Ihre Abenteuer wurden zu freudigen Erlebnissen für alle Tiere im Garten.

An einem klaren Abend, als die Sterne am Himmel funkelten, blickte Kira in die Ferne. Sie fühlte sich gut, weil sie gelernt hatte, wie wichtig es war, nett zu sein und sich zu entschuldigen, wenn sie Fehler gemacht hatte. Mit einem Lächeln auf den Lippen schlief Kira ein.

Gute Nacht, Kira. Gute Nacht, freche kleine Katze.

Sally, die schüchterne Schildkröte

In einem ruhigen Teich lebte Sally, eine schüchterne kleine Schildkröte. Sie liebte es, unter Wasser zu tauchen und Blasen zu machen, aber wenn es darum ging, neue Freunde zu finden, fühlte sie sich ängstlich. Ihre Schale gab ihr Sicherheit, aber sie wollte mutig genug sein, um aus ihrer Schale herauszukommen und neue Beziehungen zu knüpfen.

Eines Tages versammelten sich die Tiere des Teiches zu einem Fest. Sally sah zu, wie ihre Freunde miteinander lachten und spielten.

Sie wollte so gerne dazugehören, aber ihre Schüchternheit hielt sie zurück.

Sally's beste Freundin, Ella die Ente, bemerkte ihre Traurigkeit. Ella schwamm zu Sally und flüsterte: „Du bist großartig, so wie du bist. Du musst nur glauben, dass du es bist." Ella lud Sally ein, sich dem Fest anzuschließen.

Mit einem nervösen Herzklopfen trat Sally langsam aus ihrer Schale heraus und schloss sich den anderen Tieren an. Sie fühlte sich unsicher, aber als sie anfing, mit den anderen zu reden, bemerkte sie, wie freundlich und einladend sie alle waren.

Die Nacht verging, und als die Sterne am Himmel funkelten, hatte Sally neue Freunde gefunden. Ihre Schüchternheit war nicht mehr so stark, weil sie erkannte, dass sie selbstbewusst sein konnte.

Von diesem Tag an nahm Sally sich vor, jeden Tag ein kleines bisschen mutiger zu sein.

Sally kuschelte sich in ihr Nest und lächelte. Sie hatte gelernt, dass wahre Freunde sie so lieben würden, wie sie war, und dass sie nicht immer in ihrer Schale versteckt sein musste. Mit diesen Gedanken schlief sie friedlich ein.

Gute Nacht, Sally. Gute Nacht, mutige Schildkröte.

Finn, der fröhliche Fuchs

In einem malerischen Wald lebte Finn, ein fröhlicher kleiner Fuchs. Sein Schwanz wirbelte, wenn er lachte, und er hüpfte und rannte durch die Gegend, um all seine Freunde zu treffen. Aber an manchen Tagen, wenn die Wolken den Himmel bedeckten, spürte Finn eine seltsame Traurigkeit in seinem Herzen.

Eines solchen Tages bemerkte seine beste Freundin, Emily die Eule, dass Finn nicht so fröhlich war wie sonst.

„Finn, ist alles in Ordnung?" fragte Emily besorgt.

Finn seufzte und nickte traurig. „Ich fühle mich heute nicht so gut, Emily. Ich weiß nicht warum."

Emily setzte sich neben ihn. „Weißt du, selbst die fröhlichsten Füchse haben mal einen schlechten Tag. Das ist normal. Manchmal fühlen wir uns einfach nicht so gut, und das ist okay."

Finn schaute sie überrascht an.

Er dachte, dass er immer fröhlich sein müsste. Emily lächelte und erklärte, dass wahre Freunde einander helfen können, auch wenn es mal nicht so gut läuft.

Gemeinsam verbrachten sie den Tag. Finn fühlte sich zwar nicht gleich besser, aber die Gesellschaft von Emily half ihm, sich weniger allein zu fühlen. Am Abend versammelten sich alle Freunde des Waldes, um Finn aufzumuntern. Sie erzählten Witze, sangen Lieder und tanzten. Finn spürte, wie sich seine Stimmung allmählich aufhellte.

Er wusste jetzt, dass es okay war, sich manchmal nicht so gut zu fühlen, und dass Freunde da waren, um einander zu unterstützen.

Die Sterne funkelten am Himmel, als Finn sich in seinem gemütlichen Bau zum Schlafen niederlegte. Er lächelte und fühlte sich dankbar für seine fröhlichen Tage und für die Freunde, die ihm halfen, auch an den nicht so fröhlichen Tagen aufzumuntern. Gute Nacht, Finn.

Gute Nacht, fröhlicher kleiner Fuchs.

Mia, die abenteuerlustige Maus

In einem kleinen Mauseloch am Rande des Waldes lebte Mia, eine abenteuerlustige Maus. Mia träumte davon, ferne Orte zu entdecken und aufregende Abenteuer zu erleben. Doch jedes Mal, wenn sie nur daran dachte, sich auf den Weg zu machen, überkam sie eine eigenartige Angst vor Veränderungen.

Eines Tages beschloss Mia, ihre Ängste zu überwinden. Sie packte ihren winzigen Rucksack und machte sich auf den Weg.

Bald schon fand sie sich in einer bunten Blumenwiese wieder. Die Sonne lächelte warm, und bunte Schmetterlinge tanzten um sie herum. Mia lächelte zurück und merkte, dass sie sich gar nicht so unwohl fühlte wie erwartet.

Mia wanderte weiter und erreichte einen fließenden Bach. Ihre Pfötchen zitterten vor Aufregung, als sie auf einem Blatt ins Wasser glitt und davon segelte. Das Gefühl des Wassers war so erfrischend, dass sie vor Freude quietschte.

Am Abend erreichte Mia einen Wald, den sie noch nie zuvor gesehen hatte. Die Bäume ragten hoch in den Himmel, und die Geräusche der Nacht umgaben sie. Ein kleines Kaninchen namens Kiko kam auf sie zu und lud sie zu einem nächtlichen Fest ein. Mia war zuerst zögerlich, aber Kikos Begeisterung steckte sie an. Bald tanzte sie mit den anderen Tieren und lachte so laut, dass ihre Angst vor dem Unbekannten fast verschwunden war.

Müde, aber glücklich, legte sich Mia unter einen Baum und blickte in den funkelnden Nachthimmel.

In diesem Moment wusste sie, dass sie gelernt hatte, dass Veränderungen nicht immer beängstigend sind. Neue Erfahrungen können aufregend und wunderbar sein, solange man offen dafür ist. Mit einem Lächeln im Herzen und einem Gefühl der Abenteuerlust schlief Mia ein. Sie wusste, dass sie noch viele Orte erkunden und spannende Geschichten erleben würde. Und so träumte sie von all den aufregenden Abenteuern, die noch vor ihr lagen, während der sanfte Wind sie in einen ruhigen Schlaf wiegte.

Gute Nacht, Mia. Gute Nacht, abenteuerlustige Maus.

Fiete, der perfektionistische Frosch

Am Rande eines glitzernden Teiches lebte Fiete, ein perfektionistischer kleiner Frosch. Er wollte, dass alles, was er tat, perfekt war. Jeder Sprung, jeder Laut - alles musste genau richtig sein. Doch jedes Mal, wenn ein kleiner Fehler passierte, wurde Fiete frustriert und traurig.

Eines Tages traf er Lucy, die kluge Libelle. Sie bemerkte Fietes Sorgen und fragte: „Fiete, warum machst du dir so viele Sorgen um Perfektion?"

Fiete seufzte. „Weil ich Angst habe, dass die anderen mich nicht mögen, wenn ich Fehler mache."

Lucy lächelte. „Du weißt, Fehler sind ganz normal. Niemand ist perfekt, nicht mal die Vögel am Himmel oder die Fische im Teich. Fehler helfen uns zu lernen und zu wachsen."

Fiete war skeptisch, aber er dachte über Lucys Worte nach. Bald darauf wagte er einen großen Sprung über einen Blattstapel.

Er verfehlte knapp das Ziel und landete im Wasser. Anstatt frustriert zu sein, lachte er. Der Sprung war vielleicht nicht perfekt, aber er war mutig gewesen.

Mit der Zeit probierte Fiete immer wieder neue Dinge aus. Manchmal machte er Fehler, aber jedes Mal lernte er etwas Neues. Er erkannte, dass es in Ordnung war, nicht perfekt zu sein, solange er sein Bestes gab.

Als die Sonne unterging, saß Fiete am Ufer des Teiches. Er lächelte, weil er wusste, dass Fehler Teil des Lebens waren.

Sie halfen ihm, zu wachsen und sich weiterzuentwickeln.

Gute Nacht, Fiete. Gute Nacht, kleiner Frosch.

Bea, die großzügige Biene

In einer duftenden Blumenwiese lebte Bea, eine großzügige Biene. Sie flog von Blüte zu Blüte und half ihren Freunden, Nektar zu sammeln. Bea war glücklich, wenn sie anderen half, aber manchmal vergaß sie, sich um sich selbst zu kümmern.

Eines Tages fühlte sich Bea müde und schwach. Ihre Flügel zitterten, und ihr Summen war leise. Ihre Freunde sorgten sich um sie und fragten besorgt: „Bea, was ist los?"

Bea lächelte schwach.

„Ich habe so viel für andere getan, dass ich vergessen habe, auf mich selbst zu achten."

Die Schmetterlinge, Marienkäfer und Vögel sammelten sich um Bea. „Du musst auch an dich denken, Bea", sagten sie. „Selbstfürsorge ist genauso wichtig wie Fürsorge für andere."

Bea begriff. Sie legte sich in eine Blume und ruhte sich aus. Sie genoss die Sonnenstrahlen auf ihren Flügeln und spürte, wie ihre Energie zurückkehrte.

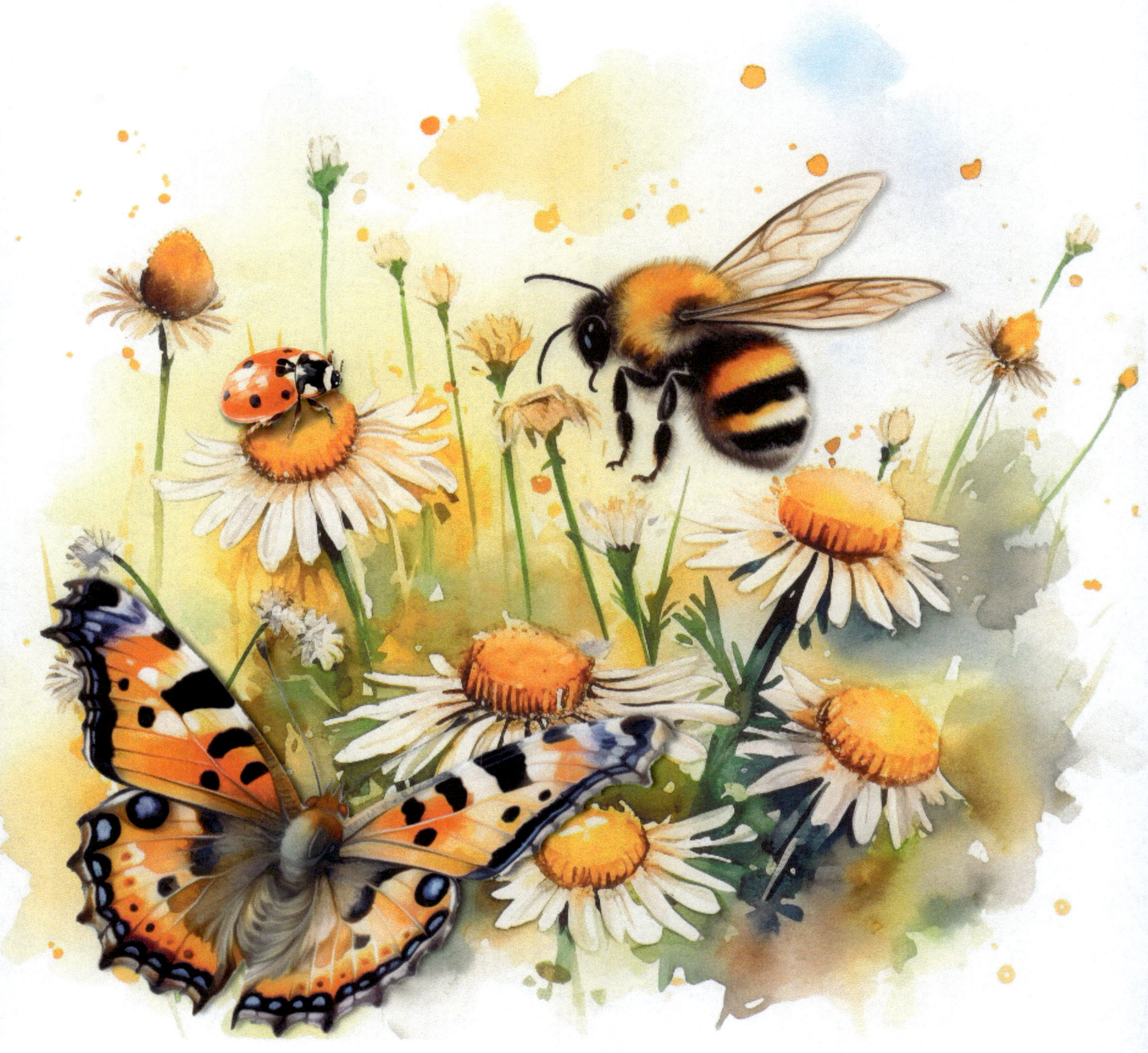

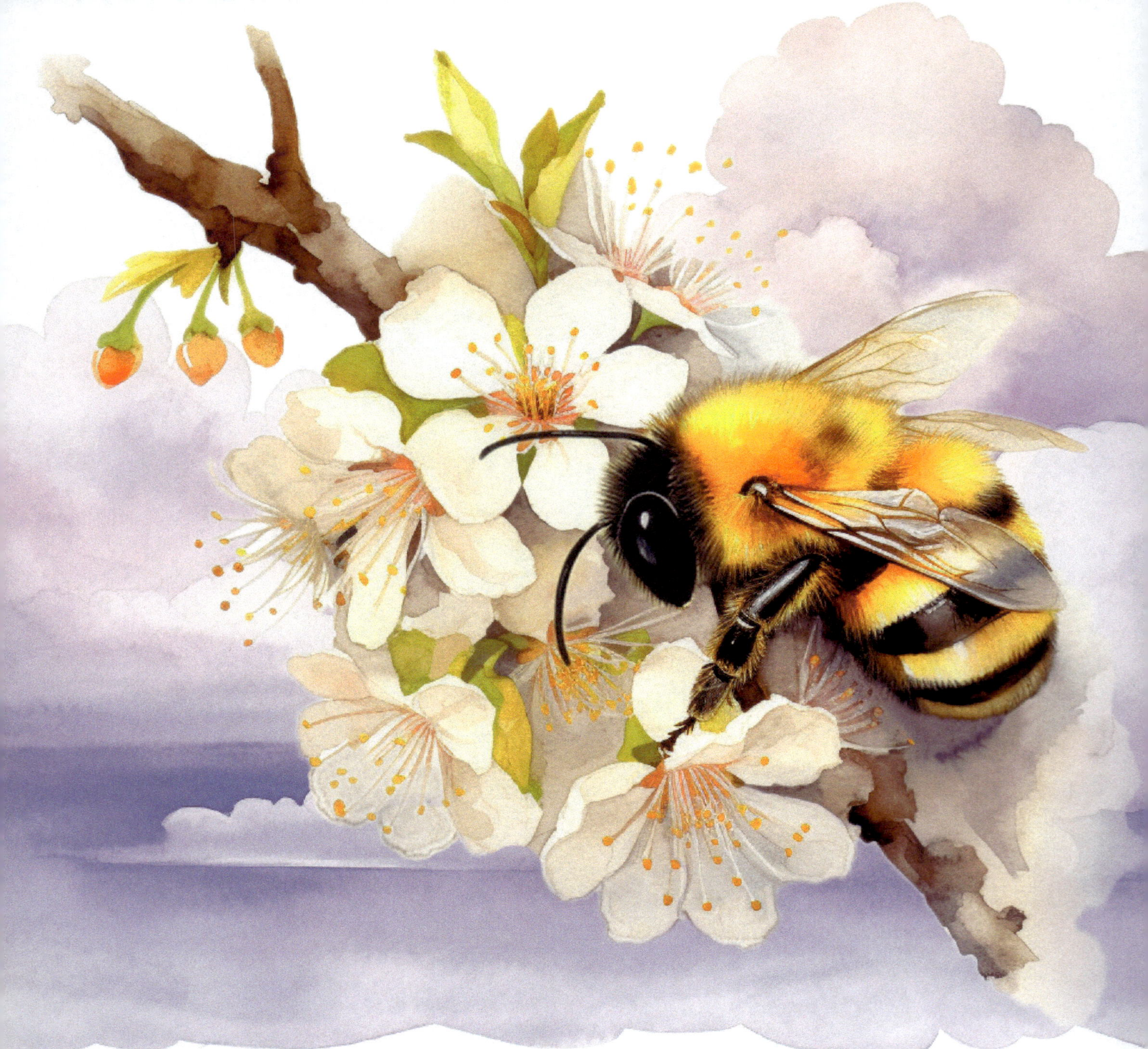

Sie hatte gelernt, dass sie nur anderen helfen konnte, wenn sie auch gut für sich selbst sorgte.

Mit der Zeit wurde Bea stärker und flog wieder fröhlich von Blüte zu Blüte. Sie half noch immer ihren Freunden, aber sie vergaß nie wieder, auf sich selbst achtzugeben.

Als die Sonne unterging und der Himmel sich rosa und lila färbte, legte sich Bea erschöpft aber glücklich in ihr Blütenbett. Sie wusste, dass großzügig zu sein wichtig war, aber genauso wichtig war es, sich selbst zu lieben und zu pflegen. Gute Nacht, Bea.

Gute Nacht, großzügige kleine Biene.

Eddie, der sanfte Elefant

In einem großen, grünen Dschungel lebte Eddie, ein sanfter Elefant. Meistens war er glücklich, aber manchmal fühlte er sich traurig. An solchen Tagen versteckte er seine Tränen hinter einem Lächeln, weil er nicht wusste, wie er über seine Gefühle sprechen sollte.

Ein sonniger Tag wurde zu einem traurigen Tag für Eddie. Er schlenderte durch den Dschungel, sein Herz fühlte sich schwer an.

Da traf er Gina, die fröhliche Giraffe. „Hallo, Eddie! Was machst du heute?" fragte Gina mit einem strahlenden Lächeln.

Eddie zögerte, aber dann seufzte er und erzählte Gina von seiner Traurigkeit. Er war erleichtert, seine Gefühle zu teilen. „Manchmal fühle ich mich einfach traurig, aber ich weiß nicht, warum", gestand er.

Gina hörte aufmerksam zu und nickte.

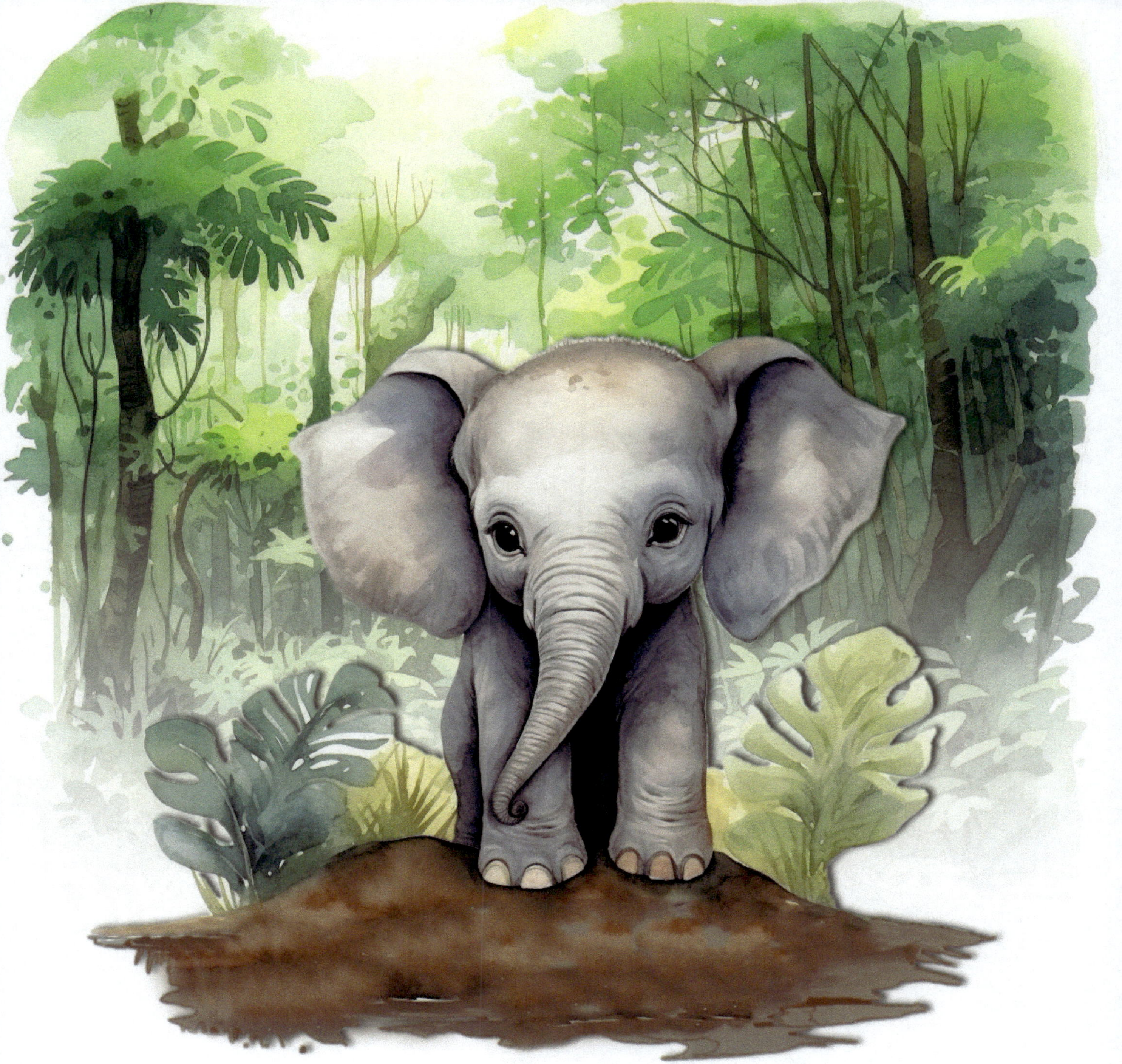

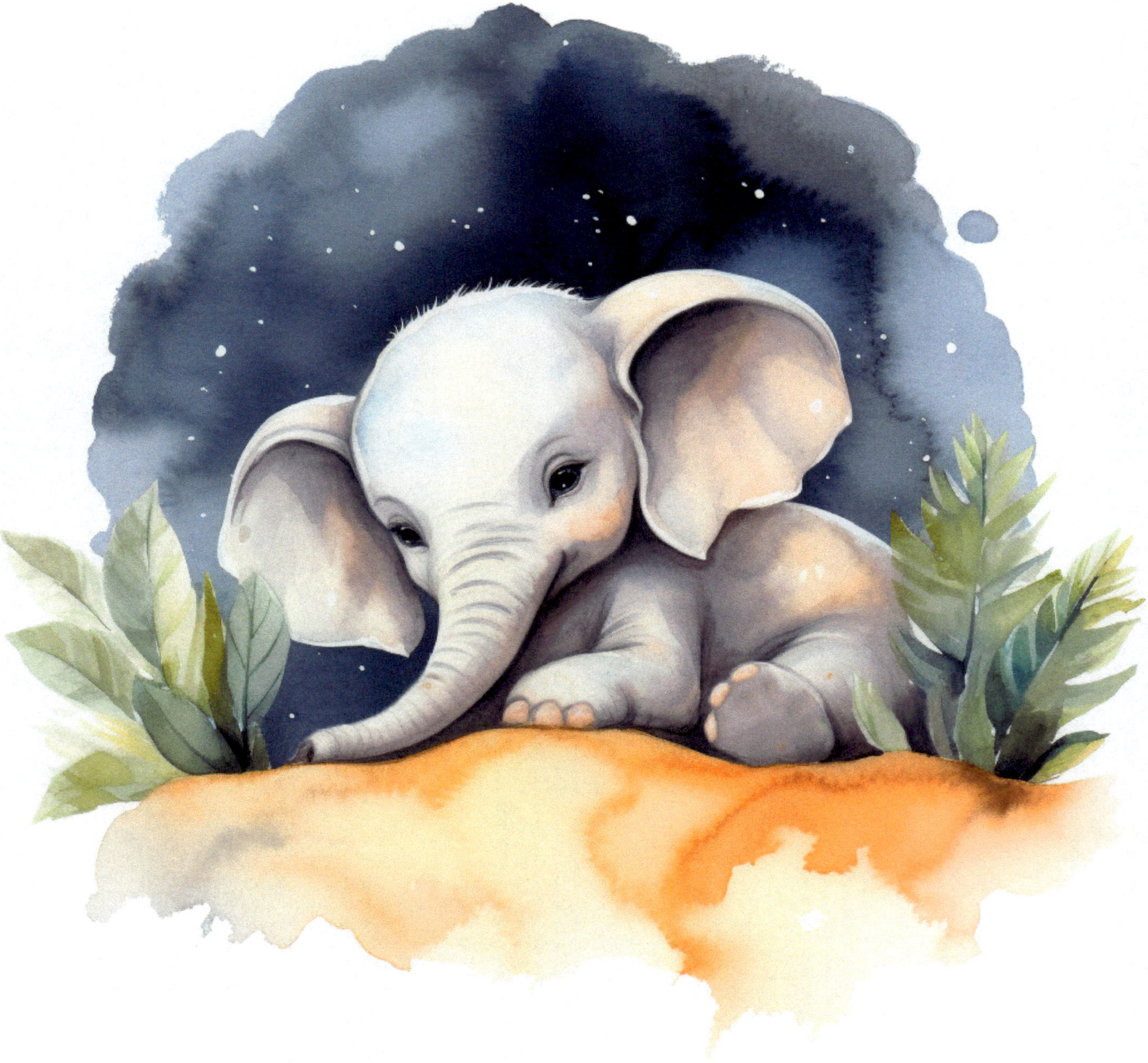

Dann lächelte sie sanft. „Eddie, es ist in Ordnung, traurig zu sein. Wir alle fühlen uns manchmal so. Aber du musst nicht alleine damit umgehen. Sprich mit deinen Freunden darüber, und du wirst sehen, wie viel besser es dir geht."

In den folgenden Tagen befolgte Eddie Ginas Rat. Er erzählte seinen Freunden von seinen Gefühlen, und sie alle hörten aufmerksam zu.

Sie erzählten ihm, dass sie auch manchmal traurig waren und wie sie damit umgingen. Gemeinsam lachten sie, redeten und fanden Trost.

Eddie entdeckte, dass er nicht allein war und dass es keine Schande war, seine Gefühle zu teilen. Seine Traurigkeit verblasste, und sein Herz fühlte sich leichter an. Von diesem Tag an war Eddie nicht nur ein sanfter Elefant, sondern auch ein mutiger Elefant, der seine Gefühle mit anderen teilte.

Als die Sterne am Himmel erschienen, legte sich Eddie zum Schlafen nieder. Er lächelte, weil er wusste, dass er immer Freunde hatte, die ihm zuhörten und für ihn da waren.

Gute Nacht, Eddie. Gute Nacht, sanfter Elefant.

Oliver, der aufgeregte Otter

In einer fröhlichen Flusslandschaft lebte Oliver, ein aufgeregter kleiner Otter. Er sprang über Steine, wirbelte im Wasser und konnte einfach nicht stillsitzen. Doch wenn die Nacht hereinbrach, fand Oliver es schwer, zur Ruhe zu kommen.

Eines Abends, als die Sterne am Himmel aufleuchteten, traf Oliver auf Sina, die weise Schildkröte. Sie bemerkte seine Unruhe und fragte: „Oliver, hast du schon einmal versucht, dich zu beruhigen?"

Oliver runzelte die Stirn. „Ich weiß nicht, wie das geht, Sina. Ich bin immer so aufgeregt!"

Sina lächelte sanft. „Du kannst Techniken wie tiefe Atemzüge oder ruhiges Summen ausprobieren. Das hilft deinem Körper, sich zu entspannen."

Zögernd setzte sich Oliver ans Ufer. Er schloss die Augen und atmete tief ein und aus. Langsam fühlte er, wie sich seine Unruhe löste.

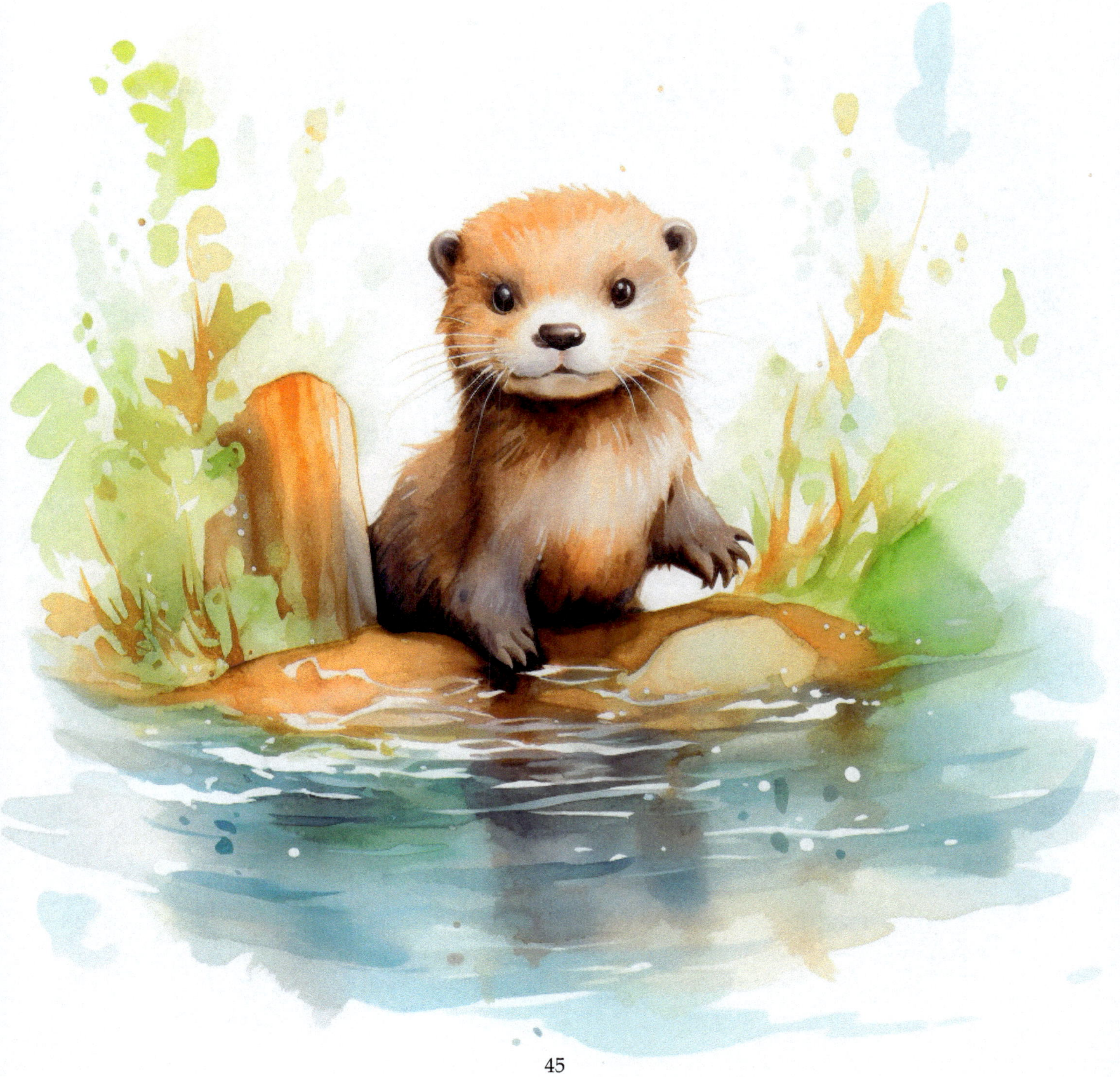

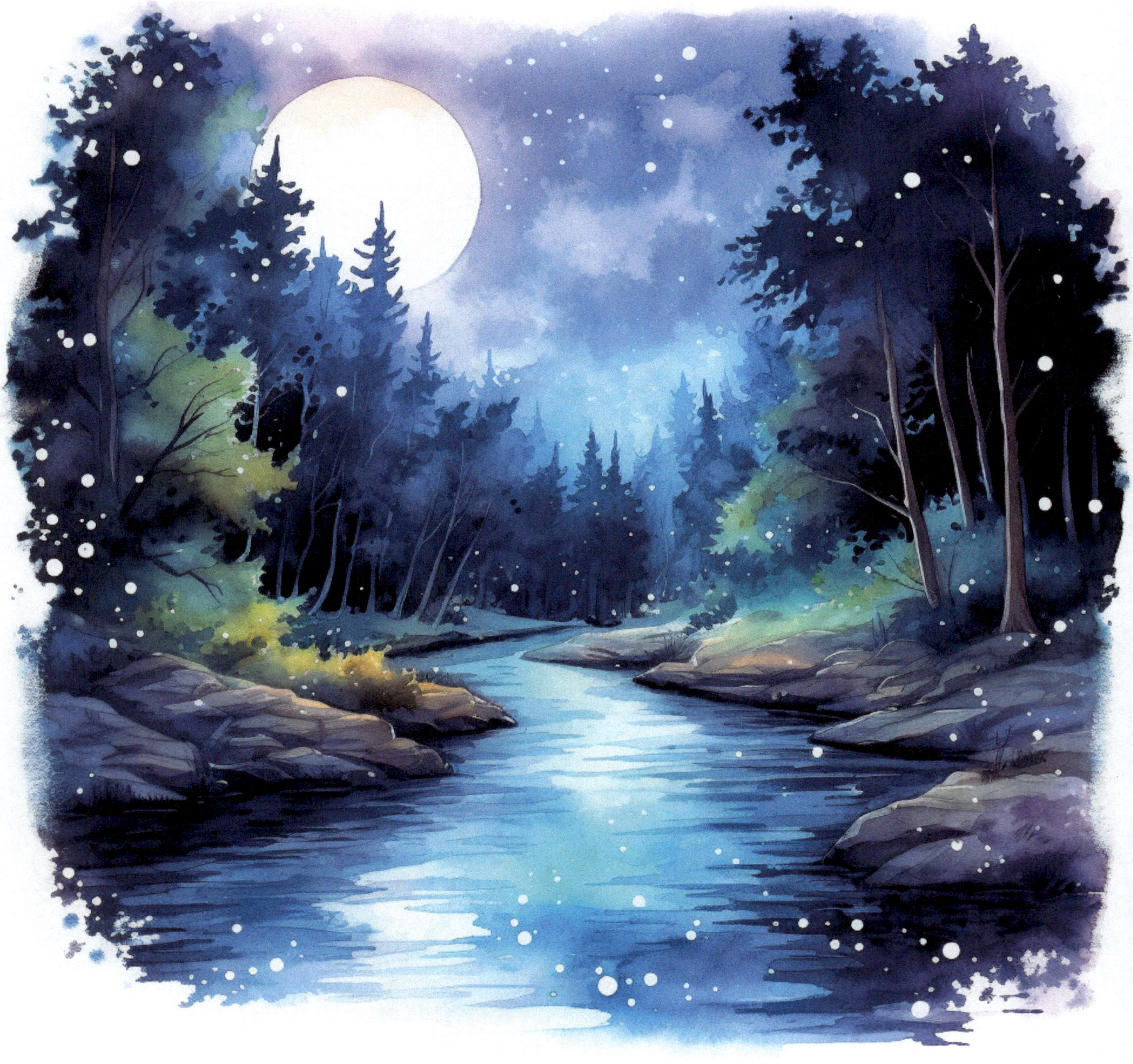

Dann begann er leise zu summen, wie Sina es ihm gezeigt hatte. Die Vibrationen beruhigten ihn noch mehr.

Die Nacht verging, und als der Morgen anbrach, fühlte sich Oliver erfrischt und ausgeruht. Er hatte es geschafft, sich zu beruhigen und besser einzuschlafen.

In den nächsten Nächten übte Oliver seine Atemübungen und das Summen. Es half ihm, seine Energie zu kanalisieren und sich auf das Schlafen vorzubereiten.

An einem klaren Abend, als der Mond über dem Fluss glänzte, lag Oliver in seinem gemütlichen Nest und lächelte. Er wusste, dass er jetzt Techniken hatte, um sich zu beruhigen und besser zu schlafen. Mit einem Gefühl der Zufriedenheit schlief er ein.

Gute Nacht, Oliver. Gute Nacht, aufgeregter kleiner Otter.

Ben, der kreative Bär

Im tiefen Wald lebte Ben, ein kreativer kleiner Bär. Sein Kopf war voller Ideen, von gemalten Bildern bis hin zu geschnitzten Figuren. Doch manchmal zweifelte er, ob seine Ideen gut genug waren.

Eines Tages traf Ben auf Gina, seine schimmernde Glühwürmchen Freundin. Gina sah seine Zweifel und sprach sanft: „Ben, deine Ideen sind einzigartig und wertvoll. Kreativität hat keine Grenzen."

Ben runzelte die Stirn, aber er dachte über Ginas Worte nach. Er setzte sich an den Fluss und betrachtete das Wasser. Langsam begann er, ein Stück Rinde zu schnitzen. Er ließ seine Gedanken wandern und schnitzte ein Bild, das von den Bäumen im Wind erzählte.

Ein paar Tiere des Waldes kamen vorbei und bewunderten Bens Werk. Ben lächelte stolz, weil er erkannte, dass seine Ideen etwas Besonderes waren.

49

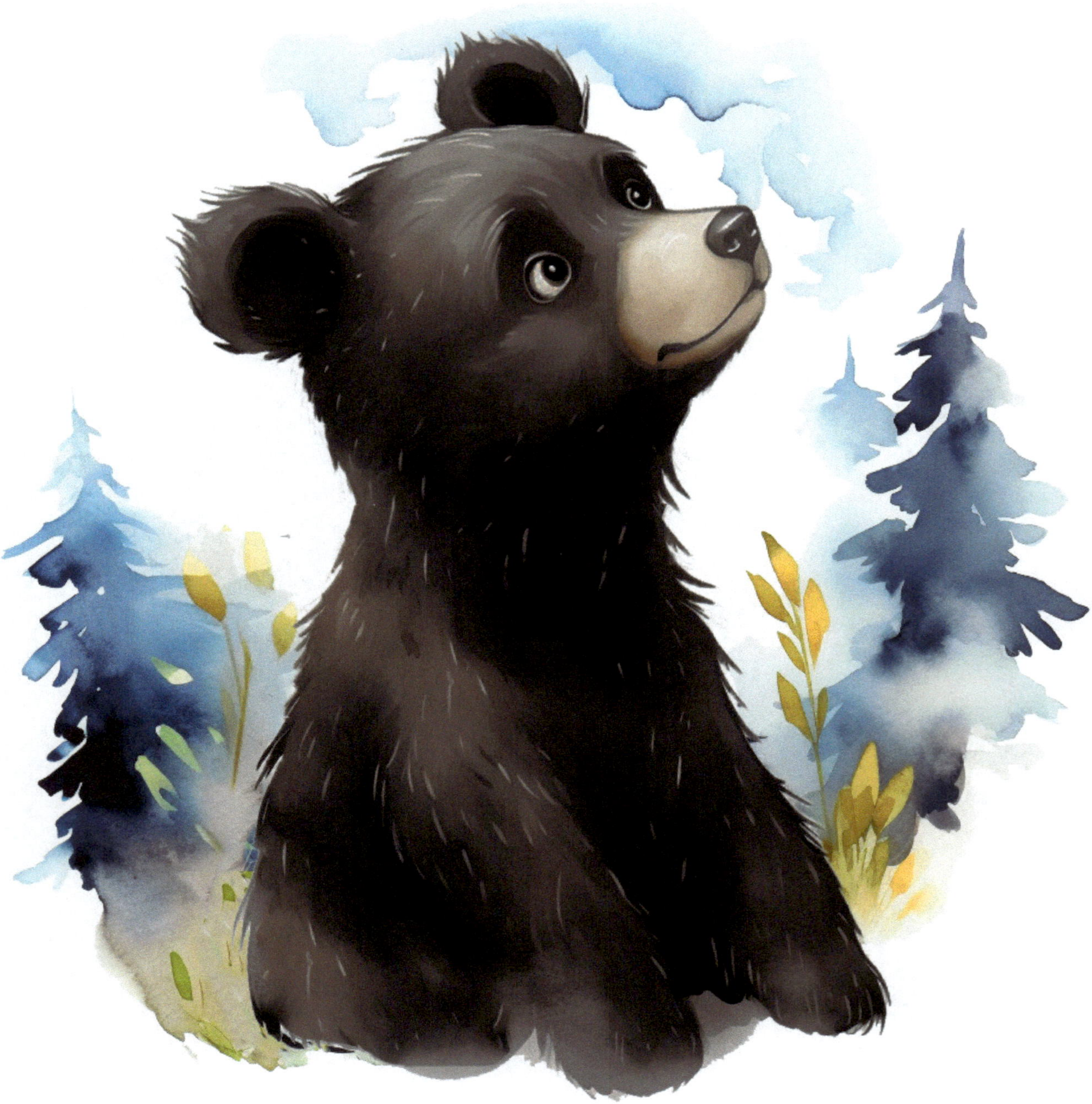

Von diesem Tag an fing er an, seine Ideen ohne Zweifel zu verfolgen.

In den nächsten Tagen malte Ben Bilder, die die Farben des Sonnenuntergangs einfingen, und bastelte Schmuck aus Blättern, Wurzeln und Steinen. Er erkannte, dass seine Kreativität seine Seele erfüllte und dass es keine „falschen" Ideen gab.

Eine klare Nacht brach herein, und der Himmel war vom Mond hell erleuchtet. Ben sah hinauf und lächelte.

Er wusste nun, dass seine Ideen einzigartig und wertvoll waren, genau wie er selbst. Mit diesem Gefühl der Sicherheit und Freude schlief er ein.

Gute Nacht, Ben. Gute Nacht, kreativer kleiner Bär.

Flora, die einsame Fledermaus

In einem stillen Wald lebte Flora, eine einsame kleine Fledermaus. Sie liebte ihre Freunde, aber manchmal fühlte sie sich einsam, wenn sie die anderen Tiere nicht sehen konnte, weil sie in der Nacht alle schliefen. Die Nächte, in denen der Mond sich hinter Wolken versteckte, waren besonders schwer für sie.

Eines Nachts kam ihre funkelnde Glühwürmchen Freundin namens Gwendolyn zu Flora geflogen.

„Flora, du bist nicht allein. Wir sind hier, auch wenn du uns nicht sehen kannst", flüsterte Gwendolyn.

Flora seufzte. „Aber ich vermisse euch so sehr, Gwendolyn. Ihr schlaft, wenn ich wach bin. Und ich bin wach, wenn ihr schlaft." Gwendolyn lächelte. „Es gibt viele Möglichkeiten, mit Freunden in Verbindung zu bleiben. Du könntest ihnen Briefe schreiben, Lieder singen oder Sterne am Himmel betrachten und wissen, dass wir alle unter denselben Sternen sind."

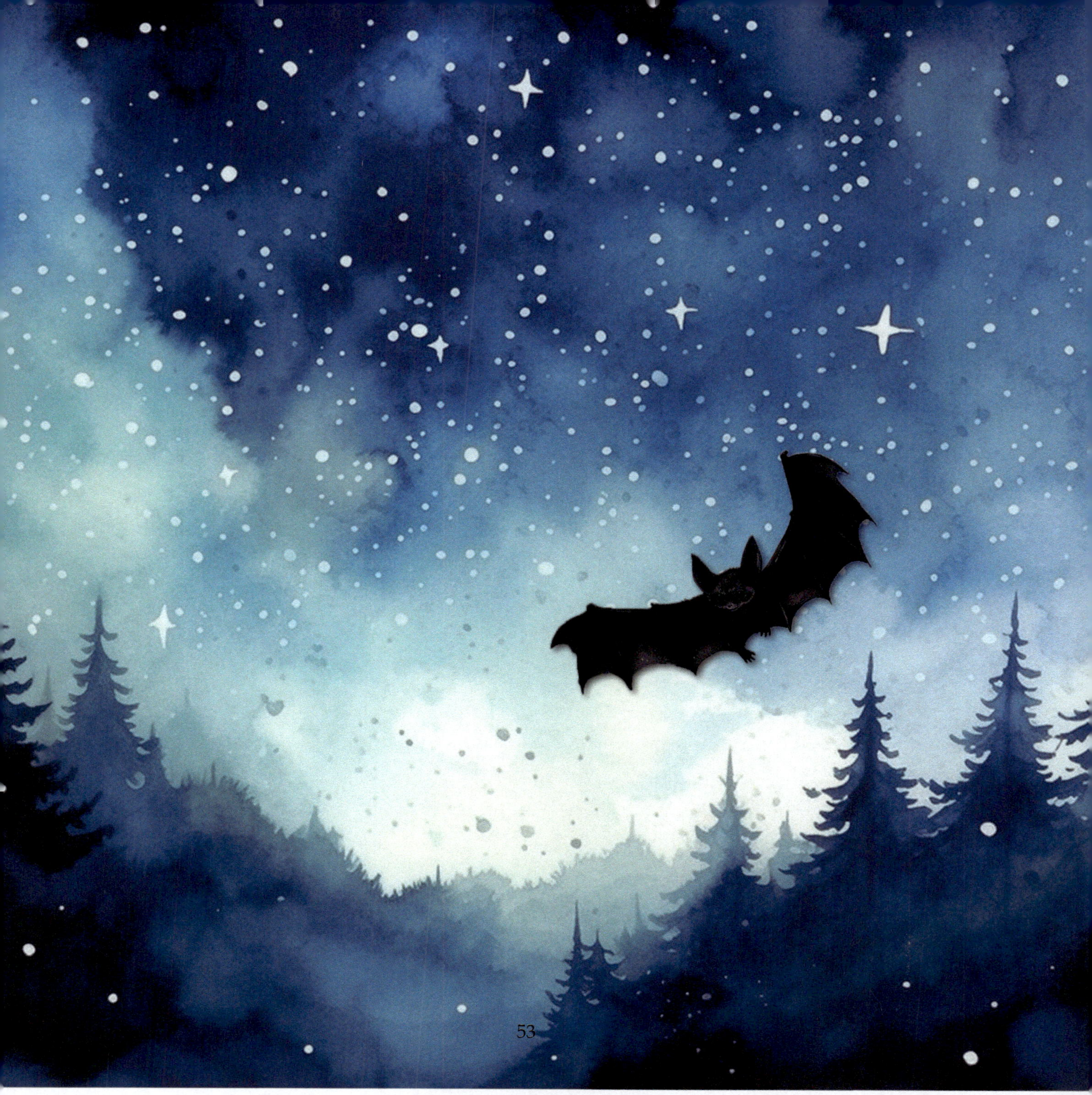

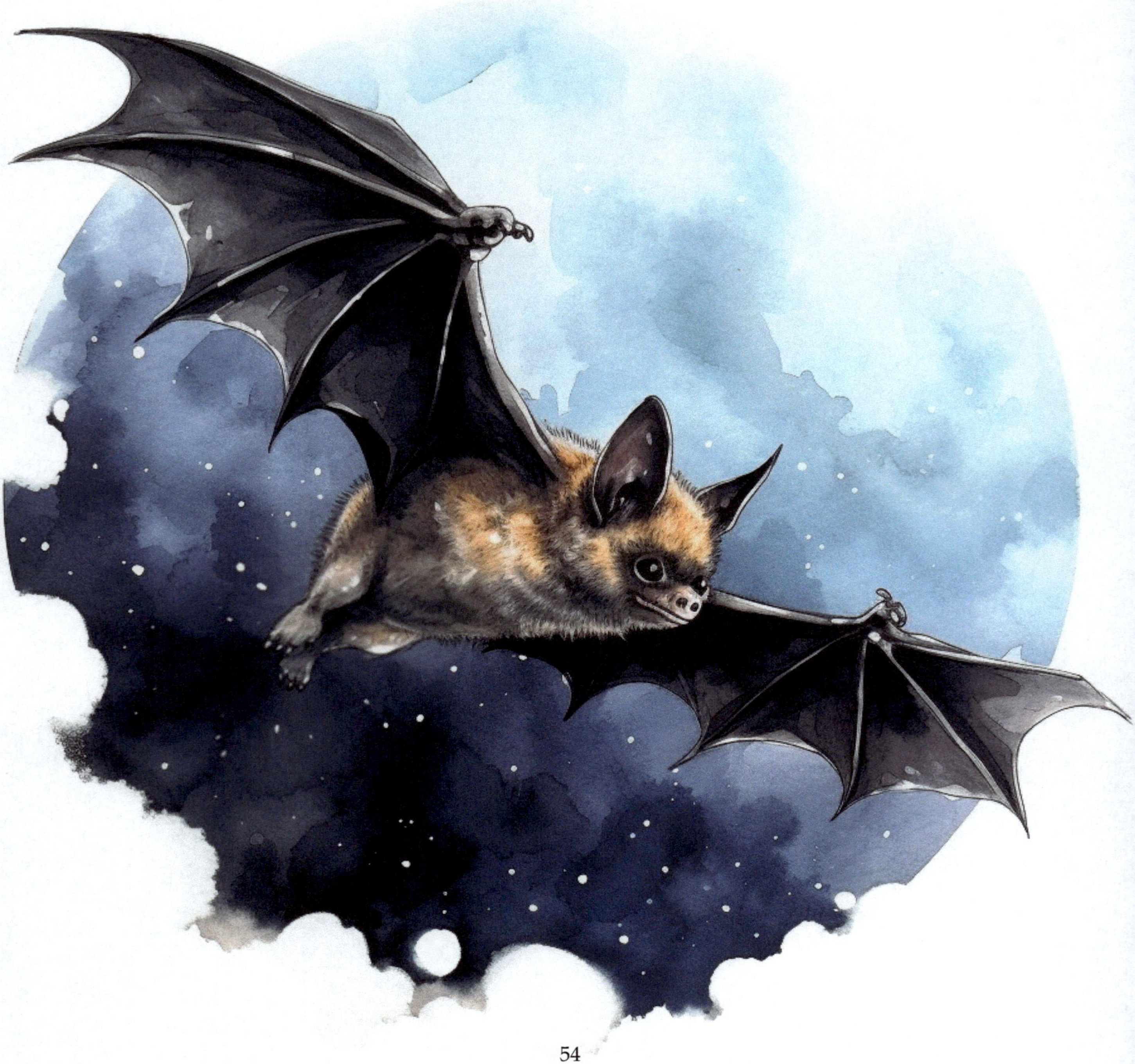

Flora dachte über Gwendolyns Worte nach. In den nächsten Tagen schrieb sie Briefe an ihre Freunde und sang Lieder in den klaren Nächten. Sie fühlte sich nicht mehr ganz so einsam, weil sie wusste, dass ihre Freundschaften stärker waren als die Entfernung.

Eine besondere Nacht brach an, als der Himmel mit funkelnden Sternen bedeckt war. Flora betrachtete die Sterne und fühlte sich mit ihren Freunden verbunden, auch wenn sie nicht direkt bei ihr waren.

Mit einem Lächeln schloss Flora die Augen. Sie wusste, dass sie nie wirklich allein war, solange sie in ihrem Herzen wusste, dass ihre Freunde immer bei ihr waren.

Gute Nacht, Flora. Gute Nacht, kleine Fledermaus.

Emilia, die gerissene Eidechse

In einem geheimnisvollen Wald lebte Emilia, eine gerissene kleine Eidechse. Ihr liebstes Hobby war es, Rätsel zu lösen und Geheimnisse aufzudecken. Egal ob es darum ging, verborgene Pfade zu finden oder mysteriöse Geräusche zu klären, Emilia war immer zur Stelle.

Eines Tages entdeckte Emilia seltsame Fußabdrücke am Ufer des Flusses. Sie konnte nicht widerstehen und begann, ihnen zu folgen.

Bald führten die Spuren sie zu einem versteckten Nest, in dem ein kleines Vögelchen saß. Emilia verstand sofort, dass der Vogel Hilfe brauchte.

Mit ihrer gerissenen Denkweise und ihrer Fähigkeit, Rätsel zu lösen, überlegte Emilia, wie sie dem Vögelchen helfen konnte. Sie sammelte weiche Blätter und baute ihm ein neues Nest. Dann schlich sie sich in den Wald und fand leckere Beeren für das hungrige Vögelchen.

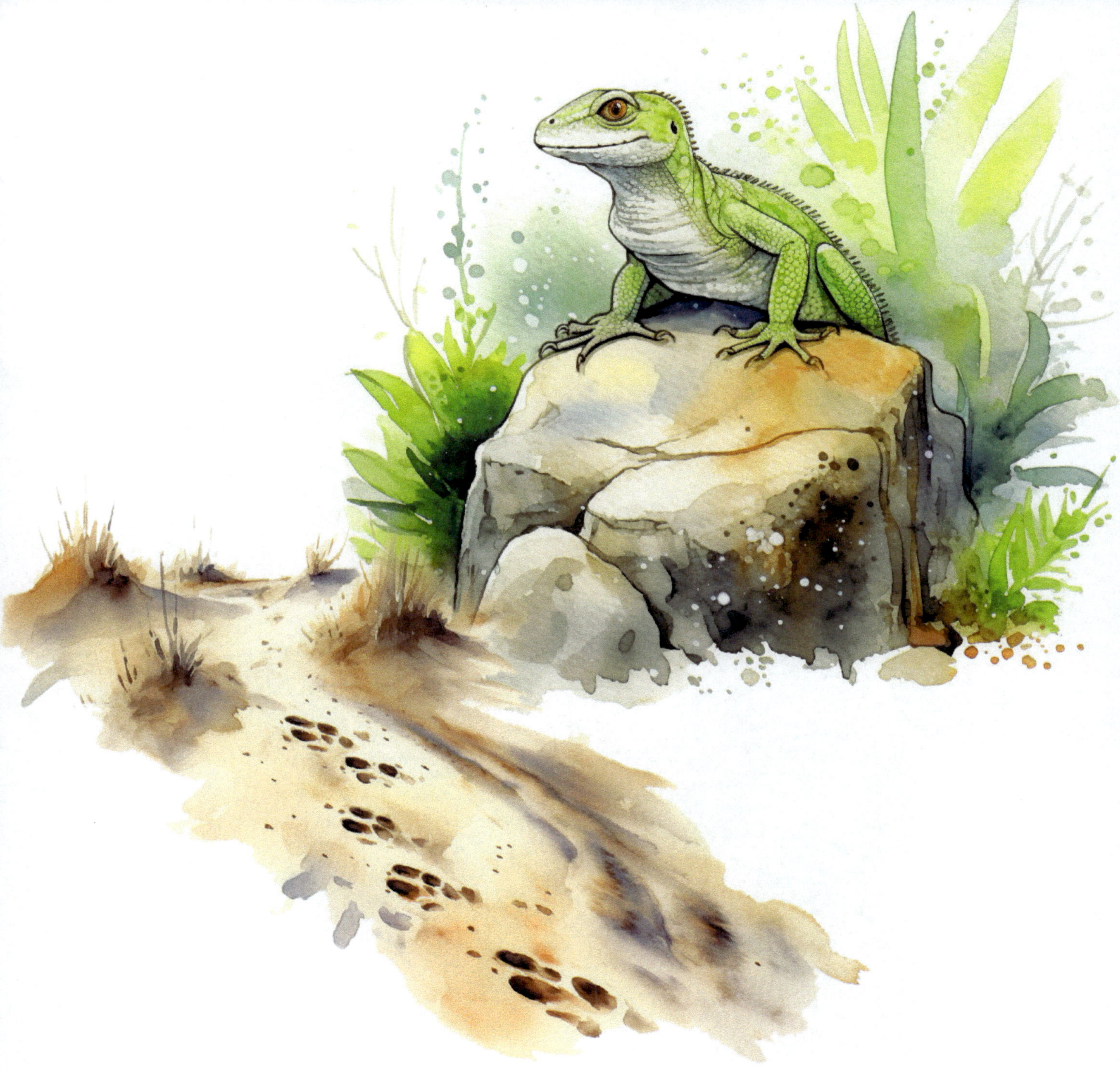

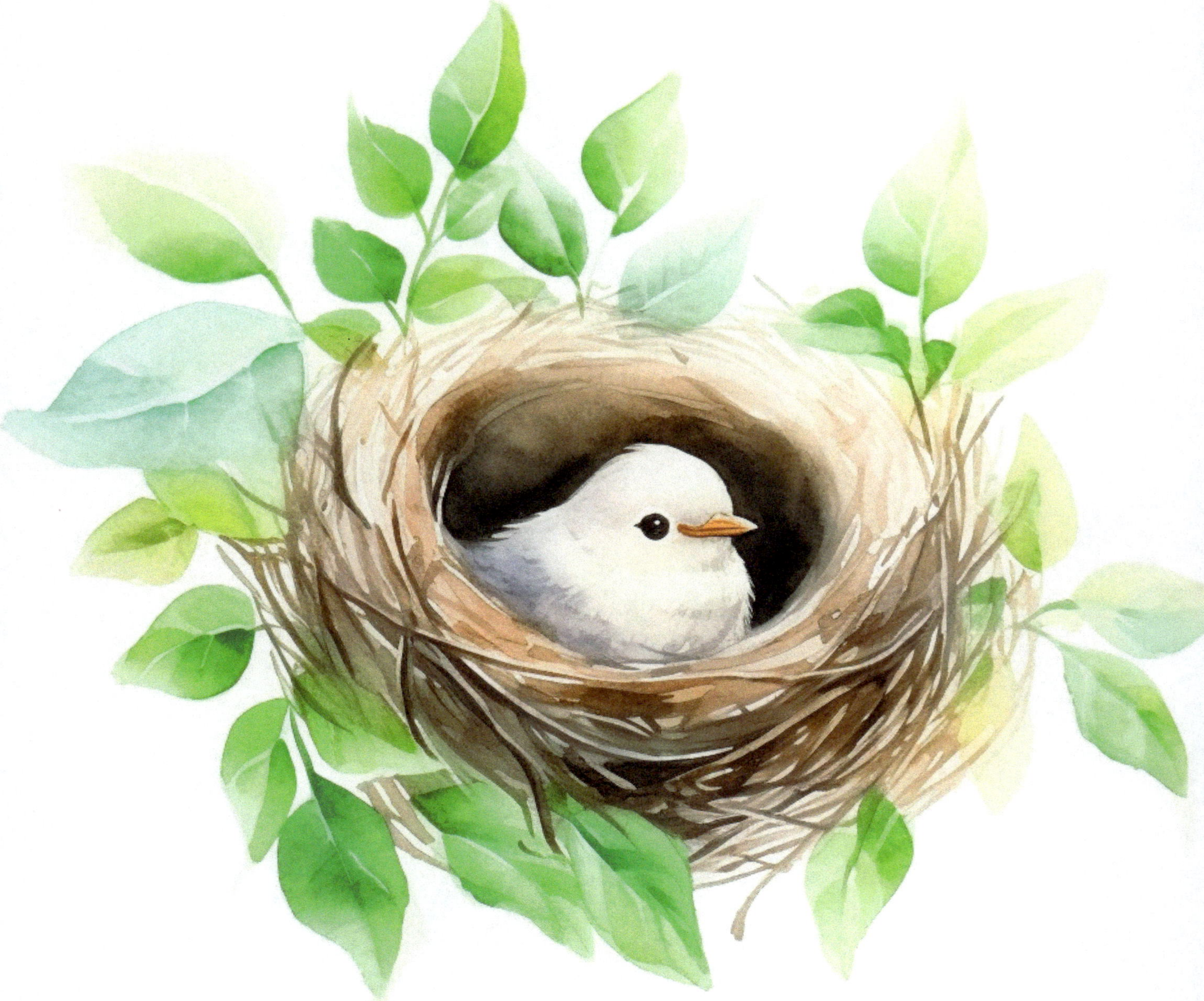

Das Vögelchen war gerührt von Emilias Fürsorge und lächelte dankbar. Emilia lächelte zurück und wusste, dass es nicht nur darum ging, Rätsel zu lösen, sondern auch darum, anderen zu helfen.

In den kommenden Tagen half Emilia anderen Tieren des Waldes, ihre Probleme zu lösen. Sie ermutigte die Tiere, kreativ nach Lösungen zu suchen, und nutzte ihre detektivischen Fähigkeiten, um Hinweise zu finden.

In einer klaren Nacht, als der Mond über dem Wald leuchtete, blickte Emilia in den Himmel.

Sie fühlte sich erfüllt von Freude und Stolz, weil sie gelernt hatte, dass ihre Fähigkeiten nicht nur für sie selbst, sondern auch für andere wertvoll waren. Mit einem Gefühl der Zufriedenheit schlief sie ein. Gute Nacht, Emilia.

Gute Nacht, gerissene kleine Eidechse.

Kilian, das zurückhaltende Kaninchen

In einem stillen Wald lebte Kilian, ein zurückhaltendes kleines Kaninchen. Er bewunderte die Aufführungen und Spiele, die seine Freunde veranstalteten, aber seine Zurückhaltung hielt ihn davon ab, mitzumachen. Sein Herz sehnte sich danach, seine Talente zu zeigen, aber seine Angst war stark.

Eines Tages kam Lina, das neugierige Lamm, zu Kilian. „Kilian, ich habe gehört, dass du wundervolle Dinge kannst. Warum zeigst du sie nicht den anderen?"

Kilian senkte traurig den Kopf. „Ich habe Angst, dass sie mich auslachen oder dass ich etwas falsch mache."

Lina lächelte sanft. „Du bist talentiert, Kilian. Deine Freunde werden dich unterstützen und bewundern, egal was passiert."

Mit Lina an seiner Seite fühlte sich Kilian ein wenig mutiger. Bei einem Picknick, das die Tiere des Waldes veranstalteten, schloss er sich dem Kreis an.

61

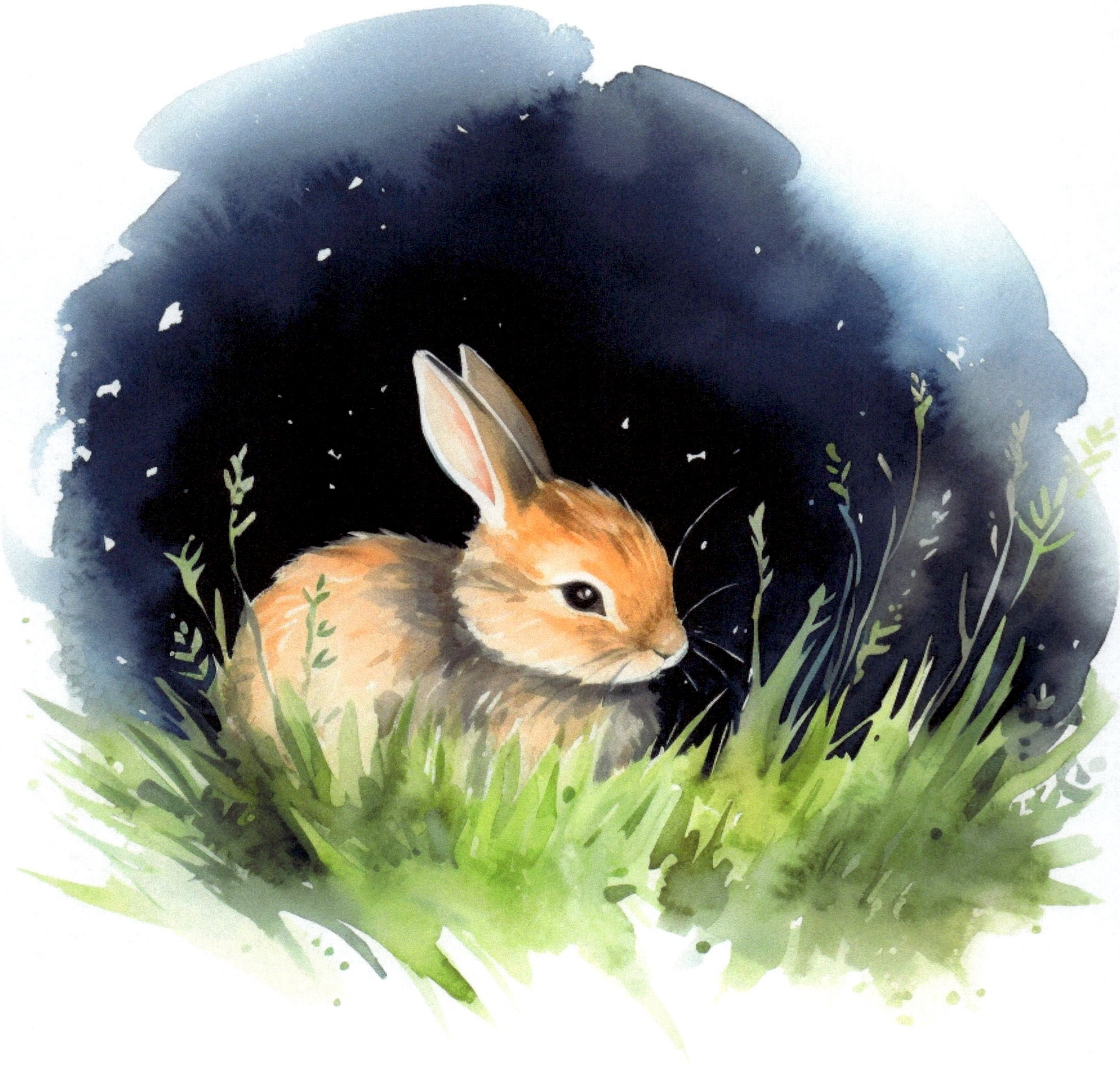

Seine Pfoten zitterten, als er anfing, ein wunderschönes Lied auf seiner Flöte zu spielen. Die Tiere hörten gebannt zu, und als er fertig war, brach Applaus aus.

Kilians Herz klopfte vor Freude. Die Unterstützung seiner Freunde gab ihm die Kraft, seine Zurückhaltung zu überwinden und seine Talente zu zeigen.

Bald darauf spielte er in Aufführungen mit, zeigte seine Kunstwerke und nahm an Spielen teil.

Eine sternenklare Nacht brach herein, und Kilian blickte in den Himmel. Er lächelte, weil er wusste, dass er dank seiner Freunde mutig geworden war. Mit diesem Gefühl der Stärke und des Stolzes schlief er ein.

Gute Nacht, Kilian. Gute Nacht, kleines Kaninchen.

Hugo, der aufmerksame Hund

In einem lebhaften Dorf lebte Hugo, ein aufmerksamer kleiner Hund. Seine Nase führte ihn überall hin, seine Ohren lauschten den Geräuschen, und seine Augen entdeckten jedes Detail. Hugo wollte alles über die Welt um ihn herum wissen.

Eines Tages traf Hugo auf Henry, den weisen alten Hasen. „Hugo, du bist aufmerksam, das ist großartig! Aber vergiss nicht, die Dinge nicht nur zu sehen, sondern auch zu fühlen, zu hören und zu riechen."

Hugo schaute verwirrt. „Was meinst du, Henry?" Henry lächelte. „Wenn du eine Blume betrachtest, riech' auch an ihr. Wenn du über den Boden läufst, spüre die Textur unter deinen Pfoten. Die Welt ist voller kleiner Details, die du entdecken kannst."

In den folgenden Tagen erkundete Hugo die Welt mit all seinen Sinnen. Er spürte die sanfte Brise auf seiner Haut, hörte das Zwitschern der Vögel und schmeckte die frischen Beeren im Wald.

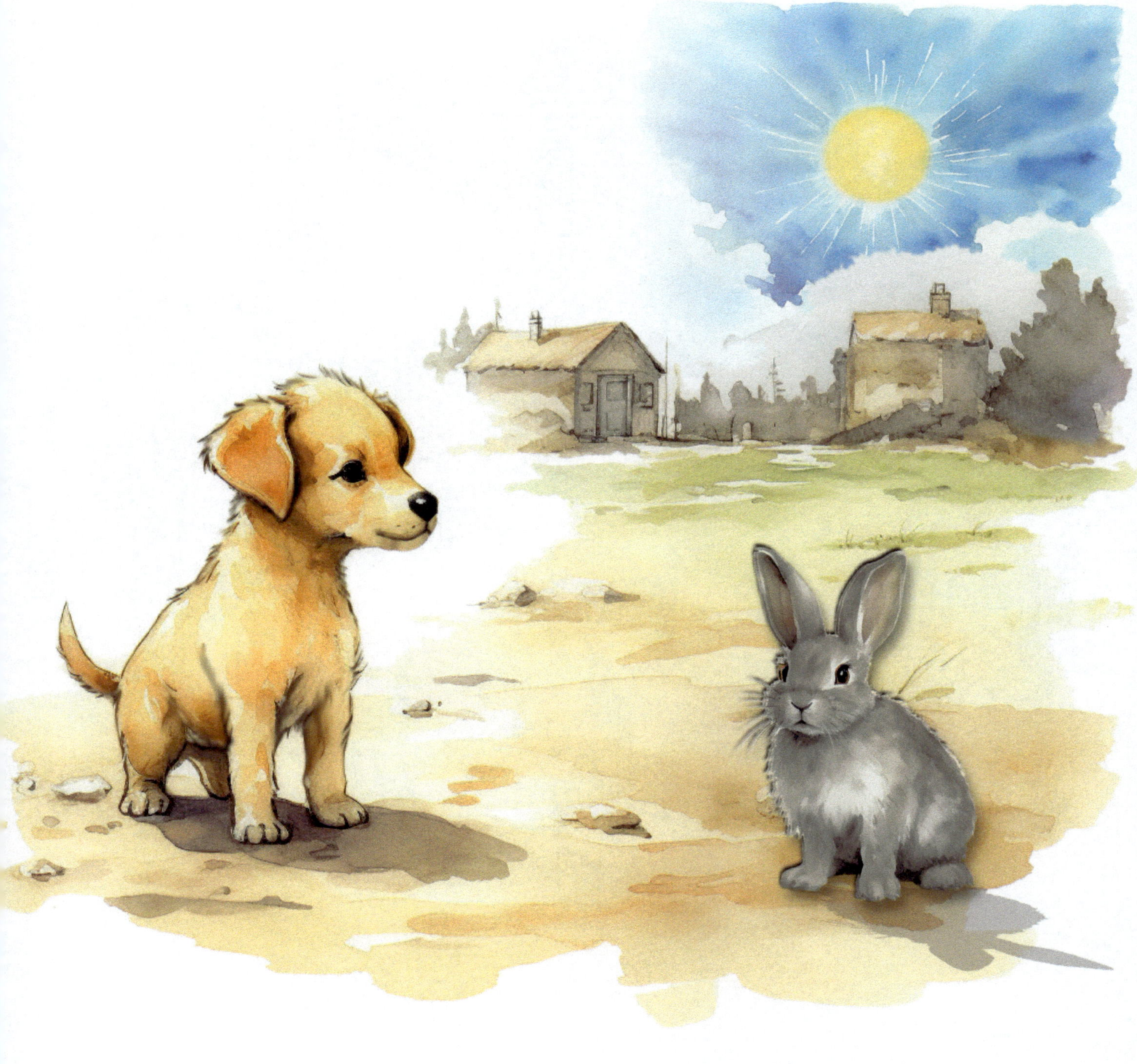

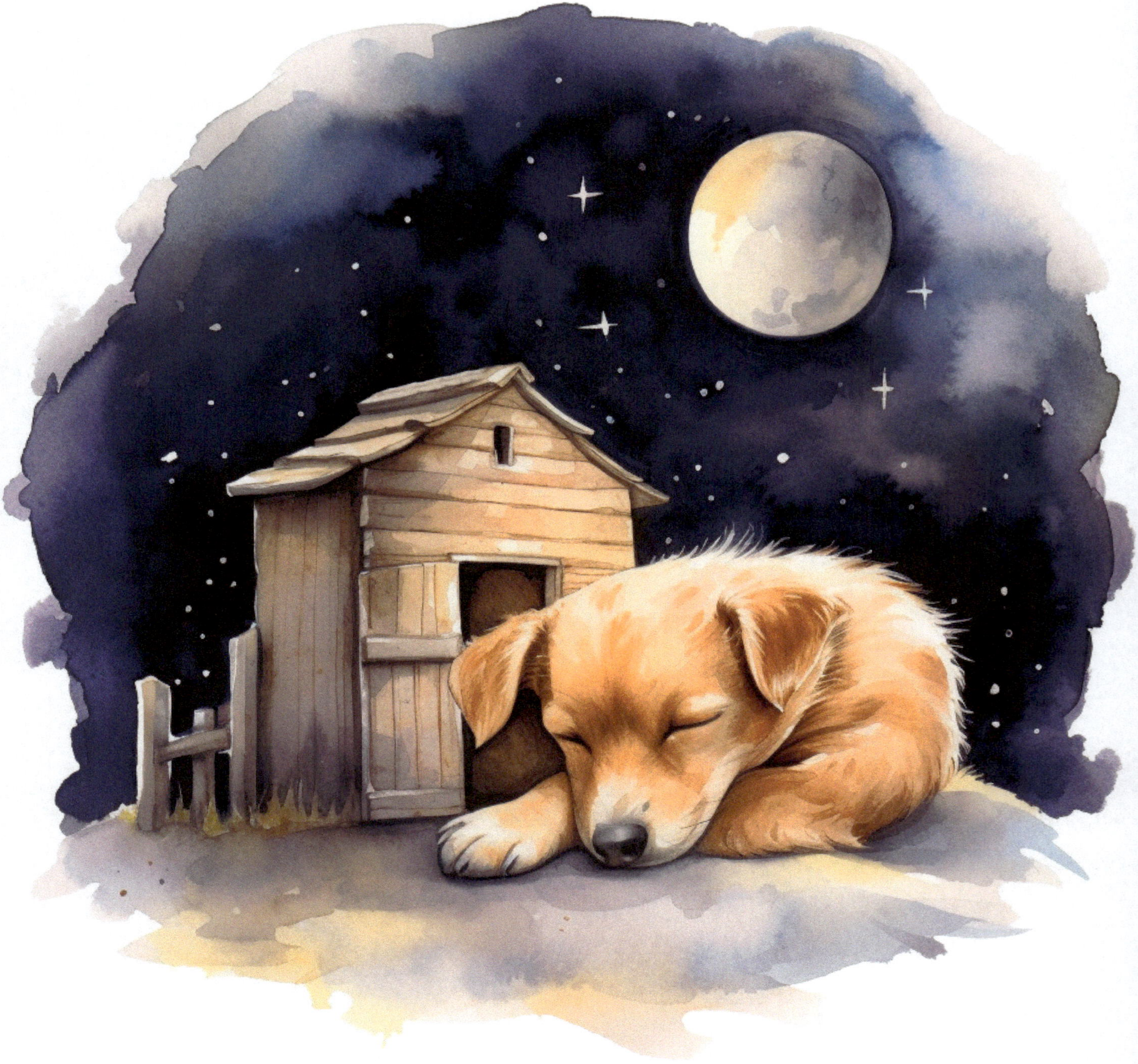

Er lernte, wie wichtig es war, nicht nur zu sehen, sondern auch zu fühlen, zu hören, zu riechen und zu schmecken.

Eines klaren Abends, als die Sterne am Himmel glitzerten, blickte Hugo in die Ferne. Er fühlte sich verbunden mit der Welt um ihn herum und erkannte, dass die Schönheit in den kleinen Details lag.

Mit einem Lächeln schloss Hugo die Augen. Er wusste nun, dass Aufmerksamkeit nicht nur das Sehen einschloss, sondern alle Sinne.

Mit diesem neuen Wissen schlief er ein, bereit, weiterhin die Wunder der Welt zu entdecken.

Gute Nacht, Hugo. Gute Nacht, aufmerksamer kleiner Hund.

Anton der wütende Affe

In einem farbenfrohen Dschungel lebte Anton, ein kleiner wütender Affe. Seine Freunde liebten ihn, aber manchmal explodierte seine Wut in lautem Geschrei und wildem Hüpfen. Das passierte häufig dann, wenn ihm etwas nicht gelang oder er etwas tun sollte, worauf er gerade keine Lust hatte.

Eines Tages begegnete Anton einem weisen, alten Gorilla namens Gregor. Antons Wut war für Gregor deutlich spürbar, und trotzdem lächelte der Gorilla sanft.

„Anton, ich verstehe, dass du manchmal wütend wirst, aber es gibt einen besseren Weg, mit deinen Gefühlen umzugehen."

Anton runzelte die Stirn. „Aber wie mache ich das, Gregor?"

Der Gorilla nahm Anton mit auf einen Spaziergang durch den Dschungel und zeigte auf die rauschenden Wasserfälle. „Schau, Anton. Stell dir vor, deine Wut ist wie das Wasser hier. Es fließt wild und stürmisch.

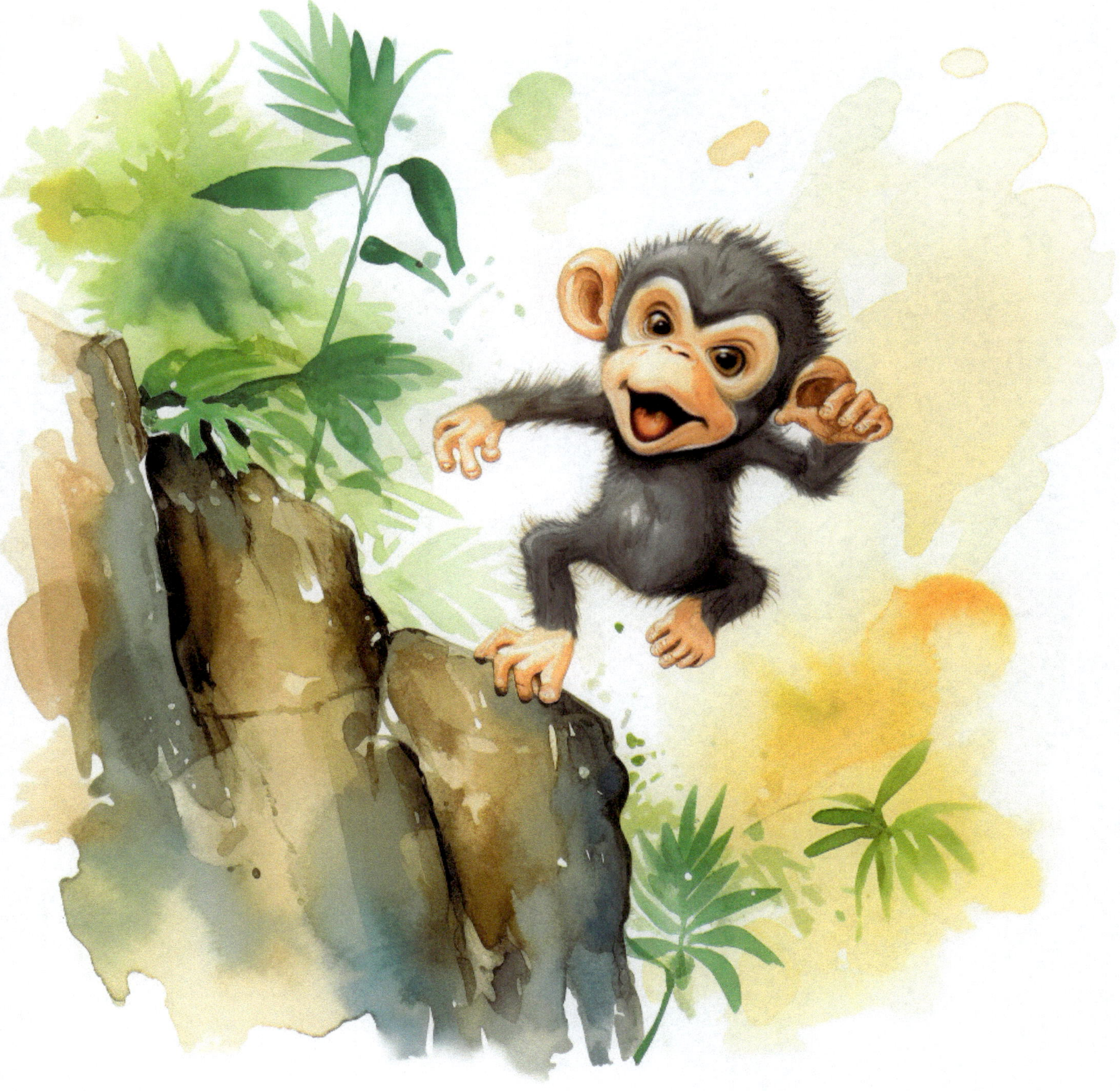

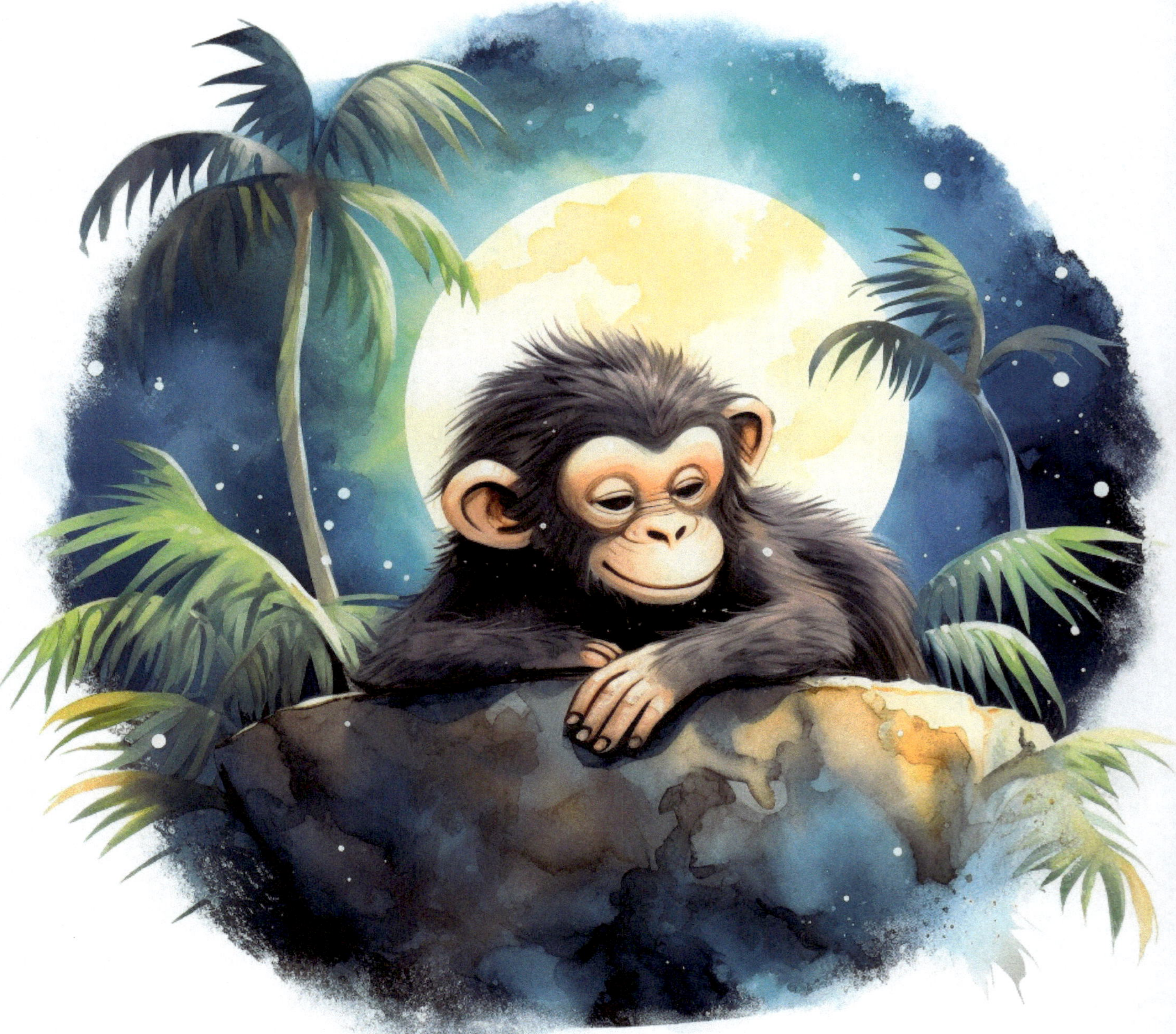

Aber wenn du innehalten und tief durchatmen kannst, kannst du deine Wut beruhigen, so wie das Wasser ruhiger wird, wenn es seinen Weg findet."

Anton hörte auf Gregor und versuchte es. Er schloss die Augen und atmete tief ein und aus und fühlte, wie die Wut langsam nachließ und er ruhiger wurde. Sein wildes Geschrei wurde zu einem leisen Seufzen.

Mit der Zeit lernte Anton, seine Wut zu zähmen, indem er tief durchatmete und innehielt, bevor er reagierte. Er erkannte, dass es andere Wege gab, mit Frustration umzugehen.

An einem sternenklaren Abend, als der Mond über dem Dschungel leuchtete, blickte Anton in den Himmel. Er wusste jetzt, dass er seine Wut besser kontrollieren konnte und dass das Atmen ihm geholfen hatte, seine Gefühle zu beruhigen.

Mit einem Lächeln auf den Lippen schlief Anton ein.

Gute Nacht, Anton. Gute Nacht, kleiner Affe.

Impressum:

© Danielle Neubert
Kontakt: Danielle Neubert, Terrassenstr. 28, 09131 Chemnitz

Coverdesign & Buchsatz: Antonio Friese da Silva

2023
1. Auflage
Alle Rechte vorbehalten.
Nachdruck, auch in Auszügen, nicht gestattet.
Kein Teil dieses Werkes darf ohne schriftliche Genehmigung des Autors
in irgendeiner Form reproduziert, vervielfältigt oder verbreitet werden.

Printed in Poland
by Amazon Fulfillment
Poland Sp. z o.o., Wrocław